# Schlaf schön, Rosalie!

Brigitte Minne
An Candaele
Aus dem Niederländischen von Andrea Kluitmann

Sauerländer

Herr Mond schaut auf seine Uhr.
»Schlafenszeit«, murmelt er und holt den Eimer mit dem Mondpulver
aus dem Schrank. Ganz vorsichtig streut er eine Hand voll davon auf die Erde.
»Schlaf schön«, flüstert Herr Mond.
Schafs Augen fallen zu. Hund gähnt und schläft ein.
Herr Mond sieht zufrieden hinab.
So gefällt es ihm.

Eine kleine Weile später wirft Herr Mond ein wenig Mondpulver auf Rosalie
und wünscht auch ihr eine gute Nacht.
Aber Rosalie will nicht schlafen. Sie möchte viel lieber spielen.
Blitzschnell versteckt sie sich unter einem Rhabarberblatt,
sodass ihr kein Mondpulver auf den Kopf fallen kann.

»Geschafft!«, jubelt sie.
Das Pulver liegt neben ihr auf dem Boden.

Rosalie rennt zum Roller.

Der gehört Schaf. Nie darf sie damit fahren.

Außer eben jetzt, weil Schaf schon schläft.

Rosalie fährt vom Teich zur dicken Eiche und zurück. Sie rollt immer schneller,

und ihr Daunenkleid flattert im Wind.

Sie holpert über das Gras und durch eine große Pfütze.

Es macht Spaß, viel mehr Spaß als Schlafen,

findet Rosalie.

Vom vielen Rollerfahren bekommt Rosalie Hunger.
Sie nimmt die Keksdose von Hund und fischt den leckersten Keks heraus.
Dann entdeckt sie, dass auch die anderen Kekse sehr gut schmecken.
Herr Mond schaut auf die Erde.
»Rosalie schläft noch nicht«, brummt er, als er sie die Kekse futtern sieht.
Er greift in seinen Eimer und wirft eine anständige Hand voll Pulver auf Rosalie.
Dabei singt er: »Schlaf, Entchen, schlaf.«
Rosalie setzt sich schnell den Deckel der Keksdose auf den Kopf.
Das Mondpulver rieselt auf den Deckel,
aber nicht auf Rosalie.

Von den vielen Keksen
hat Rosalie Durst bekommen.
Sie trinkt einen großen Becher Limonade leer.
»Das Leben ist schön«, sagt Rosalie und lacht.
Sie reibt sich den vollen Bauch und holt ihren Topf.
Rosalie muss Pipi machen.

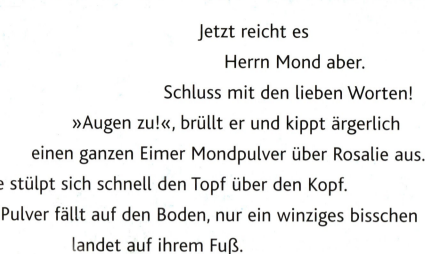

Jetzt reicht es
Herrn Mond aber.
Schluss mit den lieben Worten!
»Augen zu!«, brüllt er und kippt ärgerlich
einen ganzen Eimer Mondpulver über Rosalie aus.
Rosalie stülpt sich schnell den Topf über den Kopf.
Das Pulver fällt auf den Boden, nur ein winziges bisschen
landet auf ihrem Fuß.
Aber das ist nicht genug.
Rosalie bleibt wach.
Sie macht Pipi und überlegt sich inzwischen,
was sie noch so alles tun kann.

Sie klaut die Decke von Hund und baut daraus ein Indianerzelt.
Herr Mond hat nun wirklich keine Geduld mehr.
Alle schlafen, nur diese kleine freche Ente nicht.
Rosalie muss auch schlafen. Basta.
Wütend kippt er eine ganze Schubkarre voll Mondpulver zu ihr herunter.
»Schlafen!«, brüllt er.
Rosalie streckt die Zunge raus.
»Das Mondpulver macht mir doch nichts!«,
sagt sie und lacht.

Jetzt ist Rosalie ein wilder Indianer.
Sie tanzt im Kreis herum, wirft die Beine in die Luft,
wedelt mit den Armen und ...

Zum Glück hat Rosalie sich nicht wehgetan,
aber in ihrem Zelt ist ein großer Riss.
Durch das Loch schaut sie hinaus.
Schafs Roller ist dreckig, Hunds Keksdose ist leer,
und nun ist auch noch seine Decke kaputt.
Hund und Schaf
werden bestimmt böse sein.

Rosalie holt eine Schüssel mit Wasser und putzt Schafs Roller, bis er glänzt.
Danach backt sie einen Riesenstapel Kekse. Die legt sie alle in Hunds Keksdose.

Herr Mond seufzt, weil Rosalie immer noch wach ist.
»Dieses verflixte Entchen will wohl unbedingt Ärger bekommen«, wettert er
und beschließt, jetzt richtig streng zu werden.
»Ich muss selbst zu ihr herunter!
Das wirkt garantiert besser
als mein Mondpulver!«

Herr Mond springt von einer Wolke zur nächsten
und kommt langsam herunter auf die Erde.
Rosalie ist völlig geschafft von all der Arbeit.
Und jetzt muss sie auch noch das Loch in der Decke flicken.
Nadel rein, Nadel raus. Nadel rein, Nadel raus.
Ihre Beine werden schwer,
und die Augen
kann sie auch kaum noch offen halten.

Mit der Keksdose, dem Roller und der Decke stolpert Rosalie zu Hund und Schaf.
Ihre Beine sind inzwischen schwer wie Blei. Rosalie kann nicht mehr.
Sie ist furchtbar müde.

Herr Mond ist auf der Erde gelandet und flitzt zu Rosalie,
um ordentlich mit ihr zu schimpfen.
Aber das Entchen schläft schon ganz friedlich.
»Schlaf schön, Rosalie«, flüstert Herr Mond zärtlich,
und streichelt sanft über ihre Flügel.

© 2002 Uitgeverij De Eenhoorn bvba, Wielsbeke, Belgium
First published in Belgium as
Slaap Lekker, Rosalie by Uitgeverij De Eenhoorn, Wielsbeke, Belgium
Text: Brigitte Minne
Illustration: An Candaele

Bibliografische Information der Deutschen Bibliothek
Die Deutsche Bibliothek verzeichnet diese Publikation
in der Deutschen Nationalbibliografie;
detaillierte bibliografische Daten sind im Internet
über http://dnb.ddb.de abrufbar.

© der deutschsprachigen Ausgabe
2005 Patmos Verlag GmbH & Co. KG,
Sauerländer, Düsseldorf
Alle Rechte vorbehalten.
Aus dem Niederländischen von Andrea Kluitmann
Printed in Belgium
ISBN 3-7941-5069-4
www.patmos.de